CW01657799

EASY
ITALIANO
FACILE
LEICHT

Italiano Facile
Collana di racconti

Progetto grafico copertina e illustrazione: Leonardo Cardini
Progetto grafico interno: Paolo Lippi
Illustrazioni interne: Mat Pogo
Si ringrazia: Francesco Sanna
Prima edizione: 1994
Ultima ristampa: luglio 2010
ISBN libro 978-88-8644-001-1

viale dei Cadorna, 44 - 50129 Firenze - Italia
Tel +39 055 476644 - Fax +39 055 473531
alma@almaedizioni.it
www.almaedizioni.it

PRINTED IN ITALY
la Cittadina, azienda grafica - Gianico (BS)
www.lacittadina.it

Alessandro De Giuli
Ciro Massimo Naddeo

Fantasmi

ALMA Edizioni
Firenze

PIAZZA NAVONA
VIA DEL SEMINARIO
PANTHEON
CAMPO DEI FIORI
PIAZZA VENEZIA

ROMA

RIO
PIAZZA
VENEZIA
COLOSSEO

Fantasmi

CAP I

Valentina è una ragazza bruna con gli occhi neri. E' sempre allegra:

- Facciamo una festa sabato sera?

- Sì, chiamo subito Giovanni - dice Rita.

Rita è una ragazza bionda. Chiude il libro di letteratura e prende il telefono:

- Pronto, c'è Giovanni per favore?

- Giovanni non c'è. Chi parla?

- Sono Rita, un'amica. Quando torna?

- Non lo so.

- D'accordo, allora chiamo più tardi.

- Va bene, arrivederci.

- Arrivederci.

Arriva Anna, una ragazza con gli occhiali. Anche lei abita con Valentina e Rita:

- Valentina, per favore, puoi spegnere la tv? Devo studiare.

---

fantasmi: spiriti, apparizioni. Immagini fantastiche di persone morte.

Note

Domani ho un esame importante.

- Che esame è?
- Anatomia. E' molto difficile.

Anna studia medicina. E' molto brava. Valentina e Rita studiano lettere.

- Io e Rita vogliamo organizzare una festa sabato sera.
- E' una buona idea. Volete invitare molte persone?
- Circa cento...
- Cosa? Siete **matte**?
- Vogliamo fare una grande festa. Noi tre abbiamo molti amici.
- E' vero, ma non abbiamo una casa grande.
- Non vogliamo fare la festa a casa nostra.
- E dove, allora?
- Da Giovanni. Ha affittato una casa in campagna, a Roccanera.
- Avete parlato con lui?
- Non ancora. Ma non è un problema. Giovanni ama le feste.

Rita è andata in cucina:

- Chi vuole un tè?
- Io no, grazie. Torno a studiare.
- Io sì... Con un po' di limone...

Suonano alla porta. E' Giovanni:

- Ciao, Valentina! Come va?
- Bene, grazie. Anna! Rita! C'è Giovanni!

---

matte: senza ragione, irrazionali, folli. *Es.: Sonia e Stefania sono matte, vogliono andare in Cina a piedi.*

Note

CAP II

Anna e Rita salutano Giovanni. Poi Anna torna in camera sua a studiare. Rita, Valentina e Giovanni vanno nel salone a prendere il tè e a parlare della festa. Giovanni, come sempre, è **entusiasta**:

- Sarà una bellissima festa!
- E' grande la tua casa in campagna?
- Sì, è una villa grande, molto antica...E' in stile **barocco**...
- Cosa? Hai affittato una villa barocca?
- Sì, non pago molto...
- Come è possibile?
- Non lo so... Il proprietario non chiede molti soldi... Dice che nessuno vuole abitare in quella casa... Ci sono delle strane storie...
- Che storie?
- Ma... Gli abitanti del paese parlano di fantasmi, spiriti... Io non credo a queste cose...
- Eh!?... Una casa di fantasmi? - dice Rita - Dobbiamo fare la

---

entusiasta: molto contento, molto felice. *Es.: Paolo è entusiasta del suo nuovo lavoro.*

barocco: in architettura, stile tipico del XVII secolo. *Es.: la chiesa di San Pietro è in stile barocco.*

festa in una casa di fantasmi?

- Ma no... Nella casa non ci sono fantasmi. Sono solo leggende... Fantasie della gente...
- Io ho paura.
- E perché? I fantasmi non esistono.
- Non è vero, i fantasmi esistono.
- Ragazzi, basta con le discussioni. Sono già le cinque e mezza.
- Io devo andare a piazza Campo dei Fiori dai miei amici musicisti - dice Giovanni - Volete venire?
- Va bene.
- Sì, anche per me va bene.
- Allora andiamo. Ho la macchina.

Note

CAP III

La Fiat Uno di Giovanni corre per le strade della città.

Passa per piazza del Colosseo, via dei Fori Imperiali e piazza Venezia. Poi gira a sinistra per via del Plebiscito e Corso Vittorio Emanuele. Dopo dieci minuti, la macchina dei ragazzi arriva a piazza Campo dei Fiori.

Gli amici di Giovanni suonano in un vecchio garage.

Sono quattro.

Roberto, il **cantante**, è alto e bruno. Scrive la musica e le parole delle canzoni. Dick, un ragazzo americano, suona la chitarra. Carlo e Sandro suonano il basso e le percussioni.

- Ciao, ragazzi. Vi presento Rita e Valentina, due amiche dell'università.

- Benvenute, ragazze.

Il garage è pieno di vecchie cose: tavoli, sedie, ruote di bicicletta, libri, giornali...

- Scusate - dice Roberto - C'è un po' di confusione...

- E' vero, ma il posto mi piace... E' molto artistico! - dice Valentina.

Tutti ridono.

- Perché non suonate qualcosa? - domanda Giovanni -

cantante: chi canta. *Es.: Frank Sinatra è un cantante famoso.*

Note

Vogliamo ascoltare un po' di musica.
- Va bene.

Dick, Sandro e Carlo prendono gli strumenti e cominciano a suonare. Roberto canta. E' una canzone d'amore.

- *Ho visto i tuoi occhi* - dice - *i tuoi occhi neri come la notte. Ed ho baciato la tua bocca, la tua bocca calda come il sole...*

Quando canta, Roberto guarda Valentina.

La seconda canzone ha un altro ritmo. E' una musica molto allegra. Alla fine, Rita, Giovanni e Valentina **applaudono**.

Valentina, soprattutto, è entusiasta:

- Bravi!

---

applaudono (inf. *applaudire*): battono le mani. *Es.: alla fine dello spettacolo, gli spettatori applaudono gli artisti.*

Note

CAP IV

- Scrivi tu le canzoni? - domanda Valentina a Roberto.
- Sì, ti piacciono?
- Molto. Sono fantastiche!

"Questa Valentina non è male" - pensa Roberto.

- Allora, dov'è questa festa?

Valentina spiega tutto. Alla fine...

- Cosa? Fantasmi? Non mi piace questa idea...
- Che cosa sono i fantasmi? - chiede Dick.
- Sono gli spiriti dei morti.

Interviene Giovanni:

- Sono tutte **sciocchezze**. Nella casa non ci sono fantasmi. E' solo un po' vecchia...
- Io ho paura - dice Rita.
- Tu hai sempre paura...
- Ragazzi, non cominciate con le vostre discussioni - dice Valentina - E' tardi.
- Va bene, torniamo a casa... Ciao, ragazzi.
- Ciao, ci vediamo sabato.

Rita, Giovanni e Valentina escono dal garage.

---

interviene (inf. *intervenire*) : comincia a parlare. *Es.: nella discussione interviene Michele e dice...*

sciocchezze: cose stupide, senza importanza. *Es.: non mi piace quella persona, dice solo sciocchezze.*

Note

CAP V

Il giorno dopo a casa.

Rita e Valentina sono nel salone. Studiano.

Anna torna dall'università.

- Anna! Allora, il tuo esame?
- E' andato bene. **Ho preso trenta**.
- Brava!
- Congratulazioni!
- Grazie...

Le tre amiche vanno in cucina a bere un bicchiere di Champagne.

- Avete parlato con Giovanni?
- Sì, è d'accordo. Possiamo fare la festa nella sua casa in campagna.
- Una casa di fantasmi - dice Rita.
- Cosa?
- Sì, gli abitanti del paese dicono che nella casa ci sono gli spiriti...
- Ma no - dice Valentina - Non è vero. Sono solo leggende, fantasie... I fantasmi non esistono.
- Io dico che esistono. E tu, Anna?

---

ho preso trenta: ho preso il massimo (nell'università italiana la valutazione è da zero a trenta). *Es.: sono molto contento, ho preso trenta all'esame di storia.*

Rita e Valentina guardano Anna. Aspettano la sua risposta. Anna ha letto molti libri e sa sempre tutto.

- Ho letto un libro proprio su questo argomento - dice Anna.

- Che cosa dice?

- Dice che, qualche volta, lo spirito di una persona può rimanere in una casa per molti anni.

- Come è possibile?

- Questo succede quando una persona muore giovane, per un **omicidio** ad esempio...

- Brrrrrr, che paura... - dice Rita - Non posso sentire questi discorsi.

Anna continua:

- Lo spirito del morto rimane fino alla distruzione della casa.

- E se qualcuno abita nella casa?

- Se qualcuno abita nella casa, non deve disturbare lo spirito.

- Perché?

- Perché questo può essere molto **pericoloso**.

- Mamma mia... Adesso basta...

- Va bene. Come vuoi.

---

omicidio: assassinio, uccisione. Uccidere un uomo è un omicidio. *Es.: l'omicidio è un'azione orribile.*

pericoloso: rischioso. *Es.: il free climbing è uno sport pericoloso.*

Note

CAP VI

Finalmente arriva sabato, il giorno della festa.

La mattina, Rita parte con Giovanni. Nel pomeriggio, partono Anna e Valentina con Dick e Roberto. Dick guida la macchina.

- Che strada devo fare? - chiede.

- La via Cassia.

La macchina dei quattro amici esce dalla città. Corre verso la campagna. Sulla strada non c'è molto traffico.

Ma dopo un'ora...

- Dove siamo?

- Abbiamo sbagliato strada. Dobbiamo tornare indietro.

- Secondo me dobbiamo girare a destra.

- No, la strada giusta è a sinistra.

- Perché in Italia non ci sono i **cartelli**, come in America?

- Domandiamo a qualcuno.

- Impossibile, qui non c'è nessuno.

Sulla strada non ci sono altre macchine. E' una strada di campagna. Il cielo, adesso, è nero e misterioso.

Scende la notte.

- E ora che cosa facciamo?

cartelli: indicazioni, segnali.

Note

- Io propongo di passare la notte qui - dice Roberto.

- Tu sei matto!

- Va bene, torniamo a Roma.

- Conosci la strada per tornare?

- No.

- Io ho letto un libro - dice Anna - Insegna a ritrovare la strada. Dobbiamo guardare la direzione delle stelle...

- Ma perché non siamo andate con Giovanni? - dice Valentina.

- Ragazzi, io vado a destra...

Dick gira a destra. Fa ancora molti chilometri. Finalmente, dopo un po'...

- Ehi, c'è un cartello: "Roccanera"... Che cosa vuol dire?

- E' il nome del paese... Siamo arrivati!

- Dov'è la casa di Giovanni?

- Si chiama Villa Fosca. Aspettate, domandiamo a quel signore.

Un vecchio signore, piccolo e magro, cammina lungo la strada.

Note

ROCCANERA

CAP VII

- Scusi... Sa dov'è Villa Fosca?
- Come?
- Villa Fosca... Stasera c'è una festa.

Il vecchio signore non risponde. Ha un viso pieno di paura.

- Villa Fosca - ripete Roberto - Non sa dov'è?
- No... Non lo so... Io non so niente... Andate via...

L'uomo entra in una casa e chiude la porta.

- Ma che cosa abbiamo detto?
- Non lo so, che strano... Domandiamo a qualcun altro.
- Non c'è nessuno. Questo paese sembra un deserto.

Ora la macchina è in una strada **buia**. Tutte le case sono vecchie e senza luce.

- Ragazzi, io voglio tornare indietro. Ho paura.
- Anch'io.
- Ehi, guardate là...

In fondo alla strada c'è una casa. E' una villa antica, molto grande. Le finestre sono **illuminate**.

---

buia: senza luce, nera. *Es.: la notte è buia.*
in fondo: alla fine, nella parte finale. *Es.: in fondo al libro, c'è l'indice.*
illuminate: piene di luce, il contrario di buie. *Es.: di notte, le grandi città sono sempre illuminate.*

Note

- E' la casa di Giovanni!
- Sì, è lei. Ecco il cartello...

VILLA FOSCA

- Siamo arrivati, finalmente.

Note

CAP VIII

La festa è già iniziata.

La casa è piena di gente. C'è Giovanni con Rita, ci sono Carlo il bassista e Sandro il percussionista con le loro ragazze Claudia e Simona; c'è anche Eleonora, un'amica dell'università, con Paolo, il suo ragazzo.

- Che cosa è successo? - domanda Giovanni.
- Abbiamo sbagliato strada.
- Giovanni, noi abbiamo fame. C'è qualcosa da mangiare?
- Sì, è nel salone.

La casa di Giovanni ha due piani. Ci sono tredici stanze. Il salone è in stile barocco ed è molto grande. Sui muri ci sono dei quadri antichi.

Vicino alla finestra, c'è un tavolo con la roba da mangiare.

Sopra un altro tavolo ci sono i bicchieri e le bottiglie.

Come in un self service, Anna, Valentina, Dick e Roberto prendono i loro piatti e mangiano.

Rita beve del vino bianco e parla con Eleonora:

- E' strana questa casa, vero?
- Sì, fa un po' paura...
- Gli abitanti del paese dicono che ci sono i fantasmi.

Note

- Mamma mia... Ma perché si chiama Villa Fosca?

- Non lo so ... Forse è il nome del primo proprietario.

- Fosca è il nome di una donna... Oh no, Rita... Guarda chi arriva...

E' Domenico, un amico dell'università. Domenico parla sempre di cinema:

- Ciao ragazze, come va? Ho visto un film bellissimo la settimana scorsa. Si chiama *Morte nella casa del terrore*. La storia è questa: un uomo compra un'antica casa in campagna. Ma nella casa abitano gli spiriti dei vecchi proprietari e...

- Scusa Domenico - dice Rita - Vado a prendere un altro bicchiere di vino. E' interessante il tuo film...

- Io vado a ballare - dice Eleonora - Ci vediamo dopo.

Come sempre, Domenico resta solo.

Note

CAP IX

Al centro del salone, alcune ragazze hanno cominciato a ballare. Valentina, soprattutto, è molto brava.

- Balli benissimo - dice Roberto.
- Grazie, vado spesso in discoteca.

Arrivano anche Anna e Dick:

- Davvero vuoi tornare in America?
- Non lo so. Ora non voglio pensare a questo. Ti piace ballare?
- Sì, ho letto un libro proprio su questo argomento. Dice che...
- Ehi, ma che succede?

La casa è al buio.

- Chi ha spento la luce?
- E' un black out...
- Roberto, dove sei?
- Valentina...
- Chi ha un **accendino**?

UUUUUUHHHHHHHH..... UHUHHHHHUUUUU...... UUUUUHHHHHHUUHHH....

- Aiuto! I fantasmi!

accendino

Note

CAP X

UUUUUUHHHHHHHH..... UHUHHHHHUUUUU...... UUUUUHHHHHHUUHHH....

- Mamma mia!
- Ho paura!
Tutti gridano.
- Sono delle voci - dice Roberto - Vengono da quella parte...
- Voglio tornare a casa! - dice Rita.

UUUUUUHHHHHHHH..... UHUHHHHHUUUUU...... UUUUUHHHHHHUUHHH....

- Perché non sono rimasto in America?
- Ragazzi... Ho preso un fantasma!
- Cosa?
- Sì, è qui... Venite!
Tutti corrono verso Roberto.
- Forza ragazzi!

BENG! STOMPF! CRASH! BUM!

Note

- Ahia!... Basta!... Paolo, accendi la luce! - grida qualcuno. E' la voce di Giovanni.

La luce ritorna.

- Giovanni!? Paolo!? Ma come... Siete voi i fantasmi?

Giovanni e Paolo ridono.

- Stupidi! - dice Rita - **Sono morta di paura**.

- Anch'io - dice Valentina.

- Ragazzi, torniamo a ballare.

---

sono morta di paura (inf. *morire*): ho avuto molta paura. *Es:. ieri sera ho visto un film horror alla tv e sono morta di paura.*

Note

CAP XI

La festa continua. Ora Giovanni fa il d.j. Ha messo una vecchia canzone di Bob Marley e tutti ballano.

- Che ritmo, ragazzi! Bob Marley è grande!
- Chi balla con me? Perché nessuno balla con me?
- Ehi! Attenzione con quelle mani...
- C'è troppa confusione - dice Roberto a Valentina - Io vado di là. Vieni?
- Sì, voglio stare con te.

Roberto e Valentina escono dal salone. Cercano un'altra stanza. Sulla destra, vedono una porta chiusa.

- Là - dice Valentina.

Roberto apre la porta. Nella stanza non c'è nessuno.

- Finalmente un po' di silenzio.
- Roberto... Che cos'è quello?

Sul muro, di fronte a loro, c'è un grande quadro. E' il **ritratto** di una donna giovane e molto bella. La donna sembra sorridere. Sotto il quadro, c'è un cartello di spiegazione:

- "Fosca de' Monti" - legge Roberto.
- Chi è?
- Leggiamo il cartello...

---

ritratto: nella pittura, rappresentazione o immagine di una persona. *Es.: la Gioconda è il ritratto di una donna.*

Note

FOSCA DE' MONTI, NATA IL 13 AGOSTO 1651 E MORTA IL 17 MAGGIO 1672, UCCISA IN QUESTA VILLA INSIEME AL SUO AMANTE ANTONIO CELLINI. SECONDO LA LEGGENDA, IL MARITO DI FOSCA - GIULIO DE' MONTI - UCCIDE I DUE AMANTI IN UNA NOTTE DI TEMPESTA E BEVE IL LORO SANGUE. DA QUELLA NOTTE, LO SPIRITO DEI DUE AMANTI CONTINUA AD ABITARE IN QUESTA CASA.

- E' terribile - dice Valentina.
- E' solo una leggenda... Ora capisco perché la casa si chiama Villa Fosca.
- Roberto...
- Sì?
- Ho sentito un rumore...
- Dove?
- Là, vicino alla finestra...
- E' il vento... Qui ci siamo solo io e te... Stai **tranquilla**...
- Sì, con te non ho paura.

---

tranquilla: calma, quieta, rilassata. Il contrario di agitata, nervosa. *Es.: Carla è una bambina tranquilla, non grida e non piange mai.*

Note

CAP XII

- Dov'è andato Roberto?
- Non lo so.
- Qualcuno sa dov'è Roberto?

Sandro, Carlo e Dick sono pronti per suonare. Ma senza Roberto non possono cominciare.

- Allora - dice Giovanni - Questo concerto?
- Aspettiamo Roberto. Sai dov'è andato?
- No, non lo so.

Anna è vicino alla porta del salone e parla con Gabriella, una vecchia amica:

- Hai sentito questa storia dei fantasmi?
- Sì. Tu che cosa pensi?
- Non lo so. Ho un po' paura. Ho letto che i fantasmi non amano la confusione...
- Ma Anna... E' solo una leggenda...

Arriva Domenico:

- Ehi ragazze, avete visto l'ultimo film di George Romero? E' fantastico. C'è una scena bellissima, quando gli spiriti dei morti entrano nella città e uccidono...
- Scusa Domenico - dice Anna - Devo dire una cosa a Dick...

Note

- Io vado a bere qualcosa. Torno subito. E' interessante il tuo film...

Domenico resta solo.

Improvvisamente...

BANG!!!

- Che cos'è?
- Sembra un **tuono**...
- Un tuono?!

Tutti corrono alle finestre: il cielo è nero, pieno di nuvole.

- Sì, è un tuono... Ehi ragazzi, piove!
- Chiudiamo le finestre...
- Che tempo!
- Strano... Oggi è stata una bella giornata...

---

improvvisamente: in modo imprevedibile, inaspettato. *Es.: Sono le 3 e 15 della notte, tutti dormono. Improvvisamente, qualcuno grida "aiuto!"*

tuono

Note

CAP XIII

Nello stesso momento, nell'altra stanza...
- Hai sentito?
- Sì, è un tuono. Piove.
- Io ho paura, Roberto...
- Non è niente. Vieni qui, vicino a me...
- Sì...
- Va meglio?
- Aaah!
- Che cosa c'è ancora?
- Il quadro... E' vivo!
- Cosa?
- Sì... Fosca ha mosso gli occhi!

Roberto guarda il quadro: Fosca è **immobile**, come sempre.
- Non è possibile, Valentina.
- Lo so, non è possibile. Ma io non sono matta.
- Forse non hai visto bene.
- Sì... Forse... Andiamo via, ora. Questa stanza non mi piace.

---

immobile: senza movimento. *Es: la statua è immobile.*

Note

CAP XIV

Roberto e Valentina tornano nel salone. Fuori, intanto, continua a piovere.

- Cercate me? - chiede Roberto ai suoi amici.

- Certo. Devi cantare.

- Okay, possiamo cominciare. Io sono pronto.

- No... - dice Valentina - Io non voglio rimanere in questa casa... Andiamo via...

- E' successo qualcosa? - domanda Dick.

Valentina spiega:

- Nell'altra stanza c'è un quadro... E' il ritratto di una donna... Fosca de' Monti, si chiama... E... E improvvisamente...

- Sì?

- ... improvvisamente ha mosso gli occhi!

- Come è possibile?

- Non ha visto bene - dice Roberto.

Interviene Anna:

- Questa casa non mi piace. Chi è Fosca de' Monti?

- E' una donna morta molti anni fa, insieme al suo amante. La leggenda dice che i loro spiriti abitano nella villa.

- E' una sciocchezza - dice Roberto - Io non credo agli spiriti.

Note

- Sì - dicono gli altri - Sono tutte fantasie. Andiamo a suonare.
Finalmente il concerto inizia.
Dick, Sandro e Carlo suonano. Roberto canta.
Adesso sono tutti intorno a loro.
Giovanni è vicino a Rita:
- Sei bellissima, stasera.
- Grazie. E' la prima volta che sei gentile con me.
- Non è vero. Io sono sempre gentile con te.
Rita ride.
- Rita...
- Sì?
- Sei ancora **arrabbiata** per lo **scherzo** di prima?
- No - dice Rita - I tuoi scherzi non mi piacciono, ma tu sei simpatico.

---

arrabbiata: nervosa contro qualcuno o per qualcosa. Il contrario di pacifica. *Es.: la mamma è arrabbiata perché Luigi non vuole studiare.*
scherzo: gioco, cosa da ridere. *Es.: la vita è una cosa seria, non è uno scherzo.*

Note

CAP XV

Il concerto continua. Ora Roberto canta la canzone dell'altra volta:

- *Ho visto i tuoi occhi, i tuoi occhi neri come la notte. Ed ho baciato la tua bocca, la tua bocca calda come il s...* No! Ancora!

La casa è di nuovo al buio.

- Giovanni, Paolo... Basta con questi scherzi!
- Io sono qui con Rita - dice Giovanni - Non ho fatto niente.
- Ed io sono qui con Eleonora.
- Chi è stato allora?
- Forse è davvero un black out.
- O forse sono i fantasmi...

SBAM!!!

- Avete sentito?
- Che cosa succede?
- Mamma mia...
- E' il vento...

Un vento molto forte ha aperto le finestre. La pioggia entra

Note

nel salone. E' una tempesta.
- Chiudete le finestre!
- Io ho paura.
- Anch'io.
- Sembra di essere in un film del terrore - dice Domenico.
- Ehi, guardate là!
Nel buio, **appare** una luce. Una mano invisibile scrive una frase nell'aria:

BENVENUTI NEL MONDO DEI MORTI!

- AAAHHH!
- Sono i fantasmi!
- Aiuto! Non voglio morire...
Tutti corrono e gridano. Qualcuno piange. Nessuno trova la porta per uscire.
- Giovanni!
- Rita, sono qui...
- Valentina! Dove sei?
- Roberto, aiuto!
- Anna!
- Dick!
- NOOOOOOOOOOO!!!

---

appare (inf. *apparire*): diventare visibile. *Es.: di notte la luna appare nel cielo.*

Note

CAP XVI

Il giorno dopo, a Roma.

Un signore accende la radio e ascolta le notizie:

"Festa mortale a Roccanera, un piccolo paese a trenta chilometri da Roma. **Decine** di ragazzi muoiono misteriosamente in un'antica villa del seicento. La polizia ha trovato i loro corpi questa mattina nel salone della casa. Le cause della morte sono ancora misteriose. Nel paese, tutti parlano di fantasmi."

- Fantasmi... - dice il signore - Che sciocchezza. I fantasmi sono solo fantasie.

FINE

---

decine: molti, svariati. Una decina = 10. *Es.: nell'autobus, ci sono decine di persone.*

RIASSUNTO

CAP I. Anna, Rita e Valentina sono tre amiche. Vogliono organizzare una festa nella casa di Giovanni, un loro amico.

CAP II. Giovanni è d'accordo, la sua villa in campagna è molto grande. Ma gli abitanti del paese dicono che in quella casa ci sono i fantasmi. Giovanni non crede a queste leggende, Rita invece ha paura.

CAP III. Rita, Giovanni e Valentina vanno a piazza Campo dei Fiori. In un vecchio garage, suonano alcuni amici di Giovanni.

CAP IV. Valentina è entusiasta: le canzoni di Roberto, il cantante, sono fantastiche. Per Roberto, Valentina non è male. Rita e Giovanni discutono ancora dei fantasmi.

CAP V. Il giorno dopo Anna torna dall'università. Il suo esame è andato bene. Anna parla alle amiche di un libro sui fantasmi. Rita ha paura.

CAP VI. Finalmente arriva sabato, il giorno della festa. Rita parte con Giovanni. Anna e Valentina partono con Roberto e Dick. I quattro amici sbagliano strada.

CAP VII. A Roccanera domandano ad un vecchio signore informazioni su Villa Fosca, la casa di Giovanni. L'uomo non risponde.

CAP VIII. Quando arrivano a Villa Fosca, la festa è già iniziata.Tutti gli amici sono là. C'è anche Domenico, un amico dell'università. Domenico parla sempre di cinema.

CAP IX. Alcuni ragazzi ballano. Improvvisamente la casa resta al buio. Tutti pensano ai fantasmi, invece...

CAP X. ...è solo uno scherzo di Giovanni e Paolo.

CAP XI. Roberto e Valentina vanno in un'altra stanza e vedono un grande quadro: è il ritratto di Fosca de' Monti, una donna morta nella villa insieme al suo amante.

CAP XII. Nel salone Dick, Sandro e Carlo aspettano Roberto per suonare. Fuori comincia a piovere.

Note

CAP XIII. Nella stanza Valentina ha paura: il quadro sembra vivo.

CAP XIV. Roberto e Valentina tornano nel salone e raccontano ai loro amici la storia del quadro. Valentina ha paura, vuole andare via. Ma gli altri non credono agli spiriti. Finalmente il concerto inizia.

CAP XV. Ancora una volta, la casa è al buio. Questa volta sono davvero i fantasmi.

CAP XVI. Il giorno dopo, un signore ascolta le notizie: decine di ragazzi sono morti misteriosamente, la notte precedente, in una villa vicino Roma.

Scheda: IL BAROCCO

Il barocco è uno stile tipico del XVII secolo.

Ecco due esempi di arte barocca:

a *sinistra* S.Agnese di Francesco Borromini (1599-1667), in Piazza Navona a Roma;
a *destra* S.Susanna di Giacomo Della Porta (1533-1602), sempre a Roma.

Attenzione: il barocco è anche musica, poesia, teatro, pittura e

Note

scultura. Vivaldi, Bach, Scarlatti, Händel, Tasso, Corneille, Rubens, e Caravaggio sono alcuni nomi di grandi artisti dell'età barocca.

Note

ESERCIZI

Capitolo I

1. Scegli l'espressione giusta.

Valentina, Anna e Rita:
a - vivono in case diverse. ❐
b - abitano nella stessa casa. ❐
c - abitano con Giovanni in campagna. ❐

Valentina e Rita vogliono:
a - andare alla festa dell'università. ❐
b - organizzare una festa nella loro casa. ❐
c - organizzare una festa da Giovanni. ❐

2. Metti il dialogo nell'ordine giusto.

a) - Va bene, arrivederci.
b) - Sono Rita, un'amica. Quando torna?
c) - Giovanni non c'è. Chi parla?
d) - D'accordo, allora chiamo più tardi.
e) - Arrivederci.
f) - Pronto, c'è Giovanni per favore?
g) - Non lo so.

3. Completa il dialogo.

- Io e Rita vogliamo organizzare ________________ festa sabato sera.
- È una buona idea. Volete invitare molt__ person__ ?
- Circa cento...
- Cosa? Siete matte?
- Vogliamo fare una grand__ fest__ . Noi tre abbiamo molt__ amic__.
- È vero, ma non abbiamo una cas__ grand__
- Non vogliamo fare la festa a casa nostra.
- E dove, allora?
- ________ Giovanni. _________ affittato una casa in campagna, a Roccanera.
- Tu e Rita ________________ parlato con lui?
- Non ancora. Ma non è ________________ problema. Giovanni ama _______ feste.

Capitolo II

1. Scegli l'espressione giusta

Nessuno vuole abitare nella villa perchè:

a - è in stile barocco. ❐
b - è molto grande. ❐
c - ci sono i fantasmi. ❐

Per la casa in campagna Giovanni:

a - paga poco. ❐
b - paga molto. ❐
c - non paga niente. ❐

2. Scegli l'espressione giusta.

- È grande **tua / tue / la tua** casa in campagna?
- Sì, è una villa grande, molto antica... È in stile barocco...
- Cosa? **Hai affitto / Hai affittato / Affittato** una villa barocca?
- Sì, **io / non / no** pago molto...
- **Come / Cosa / Che cosa** è possibile?
- Non lo so... **Lo / Un / Il** proprietario non chiede molti soldi... Dice che **nessuno / qualcuno / nessuna gente** vuole abitare in quella casa... Ci sono **delle / le / le sue** strane storie...
- Che storie?
- Ma... **L' / Gli / I** abitanti parlano di fantasmi, spiriti... Io non credo **su / di / a** queste cose...

Capitoli III e IV

1. Scegli l'espressione giusta.

Giovanni ha:

a - quattro amici americani. ❒
b - quattro amici musicisti. ❒
c - due amiche musiciste. ❒

A Roberto:

a - piacciono i fantasmi. ❒
b - piace Rita. ❒
c - piace Valentina. ❒

2. Scegli tra le parole della lista e completa il testo.
Attenzione: non tutte le parole sono necessarie!

abitano - canta - cantano - cantante - cantanti - canzone - canzoni - confusione - ha - musica - musicista - percussioni posto - presento - ruote - saluto - strumenti - suona suonano - suonate

Gli amici di Giovanni ________________ in un vecchio garage.
Sono quattro. Roberto, il ________________ , è alto e bruno.
Scrive la ________________ e le parole delle ________________.
Dick, un ragazzo americano, ________________ la chitarra.
Carlo e Sandro suonano il basso e le ________________ .
- Ciao ragazzi. Vi ________________ Rita e Valentina, due amiche dell'università.
Il garage è pieno di vecchie cose: tavoli, sedie, ________________ di bicicletta, libri, giornali...
- Scusate - dice Roberto - C'è un po' di ________________
- È vero, ma il ________________ mi piace... È molto artistico! - dice Valentina.
- Perché non ________________ qualcosa? - domanda Giovanni
- Vogliamo ascoltare un po' di musica.
- Va bene.
Dick, Sandro e Carlo prendono gli ________________ e cominciano a suonare. Roberto ________________. È una ________________ d'amore.

Capitolo V

1. Scegli l'espressione giusta.

L'esame di Anna:
a - è andato molto bene. ❒
b - è andato male. ❒
c - è andato così così. ❒

Anna dice che:
a - i fantasmi non esistono. ❒
b - non bisogna disturbare gli spiriti dei morti. ❒
c - gli spiriti dei morti non sono pericolosi. ❒

2. Completa il dialogo con i verbi.

- Allora, come (andare) ______________________ il tuo esame?
- Bene, (prendere) ______________________ trenta.
- Congratulazioni!
- Grazie... Allora, (voi / parlare) ______________________ con Giovanni per Sabato?
- Sì, (dire) ______________________ che possiamo fare la festa nella sua casa in campagna.
- Una casa di fantasmi - dice Rita.
- Ma no - dice Valentina - Non è vero. Sono solo leggende, fantasie... I fantasmi non (esistere) ______________________.
- Io (leggere) ______________________ un libro proprio su questo argomento - dice Anna - C'è scritto che qualche volta lo

spirito di una persona (potere) ____________________ rimanere in una casa per molti anni.
- Come è possibile?
- Questo succede quando una persona (morire) _____________ giovane, per un omicidio ad esempio... Lo spirito del morto (rimanere) ____________________ fino alla distruzione della casa.

Capitoli VI e VII

1. Scegli l'espressione giusta.

Il nome del paese è:
a - Villa Fosca. ❒
b - Roccanera. ❒
c - Villanera. ❒

Il signore sulla strada:
a - è molto gentile. ❒
b - ha un viso allegro. ❒
c - ha molta paura. ❒

Il paese è:
a - buio e deserto. ❒
b - pieno di gente. ❒
c - pieno di luci. ❒

2. Collega le domande con le risposte.

a) Dove siamo?	1) Io propongo di passare la notte qui.
b) E ora che cosa facciamo?	2) No.
c) Che strada devo fare?	3) È il nome del paese. Siamo arrivati.
d) Conosci la strada per tornare?	4) No, non lo so... Io non so niente, andate via.
e) Che cosa significa "Roccanera"?	5) La via Cassia.
f) Scusi, sa dov'è Villa Fosca?	6) Abbiamo sbagliato strada. Dobbiamo tornare indietro.

Capitolo VIII

1. Scegli l'espressione giusta.

Quando i quattro ragazzi arrivano la festa:

a - è già finita. ❒
b - è già cominciata. ❒
c - non è ancora cominciata. ❒

2. Scegli l'espressione giusta.

La festa **ha già iniziato / è già iniziata / è già iniziato**. La casa è piena **di gente / di genti / della gente**.

- Che cosa **successo / ha successo / è successo**? - domanda Giovanni.

- **Abbiamo sbagliamo / Sbagliato / Abbiamo sbagliato** strada.

- Giovanni, noi abbiamo **sete / fame / sonno**. C'è qualcosa da mangiare?

- Sì, è nel salone.

La casa di Giovanni ha due piani. **C'è / Ce' / Ci sono** tredici stanze. Il salone è in stile barocco ed è molto grande. **Sui / Su / Sugli** muri ci sono dei quadri antichi. Vicino **della / nella / alla** finestra c'è un tavolo con la roba da mangiare. **Nel / Sotto / Sopra** un altro tavolo ci sono i bicchieri e le bottiglie. Come in un self service, Anna, Valentina, Dick e Roberto prendono **i loro / loro / i lori** piatti e mangiano. Rita **beva / beve / bevi** del vino bianco e parla con Eleonora.

Capitoli IX e X

1. Scegli l'espressione giusta.

I fantasmi sono:

a - Giovanni e Paolo. ❒

b - dei veri spiriti. ❒

c - Roberto e Valentina. ❒

Rita:
a - si è divertita molto. ❐
b - è morta. ❐
c - ha avuto molta paura. ❐

Capitolo XI

1. Scegli l'espressione giusta.

Roberto e Valentina escono dal salone perché:
a - cercano un po' di confusione. ❐
b - vogliono stare soli. ❐
c - hanno sete. ❐

Giulio de' Monti:
a - ha ucciso la moglie e il suo amante. ❐
b - si è ucciso. ❐
c - è morto insieme alla moglie. ❐

2. Completa il testo con le seguenti parti di frase:

e morta il 17 maggio 1672, - insieme al suo amante Antonio Cellini - nata il 13 agosto 1651- uccisa in questa villa

Fosca de' Monti, ____

____

____

3. Completa il testo con le seguenti parti di frase:

in una notte di tempesta - il marito di Fosca - e beve il loro sangue - uccide i due amanti

Secondo la leggenda, ________________________________

____

____

4. Completa il testo con le seguenti parti di frase:

continua ad abitare - dei due amanti - in questa casa - lo spirito

Da quella notte, __________________________________

____

____

Capitoli XII e XIII

1. Scegli la risposta giusta.

Che tempo fa?
a - è una bella giornata. ❐
b - fa molto caldo. ❐
c - piove. ❐

Perché Valentina grida?
a - Perché secondo lei Fosca si è mossa. ❒
b - Perché Fosca è immobile. ❒
c - Perché piove. ❒

Capitoli XIV e XV

1. Scegli la risposta giusta.

Che cosa fanno i ragazzi?
a - Decidono di andare via. ❒
b - Decidono di continuare la festa. ❒
c - Vanno a vedere il quadro di Fosca. ❒

Che cosa succede durante il concerto?
a - Giovanni e Paolo fanno un altro scherzo. ❒
b - La pioggia finisce di cadere. ❒
c - Arrivano i fantasmi. ❒

Capitolo XVI

1. Scegli l'espressione giusta.

I ragazzi nella villa:
a - stanno tutti bene. ❒
b - dormono. ❒
c - sono morti. ❒

2. In questo testo ci sono 4 errori. Trovali e correggili.

Il giorno dopo, a Roma. Un signore accenda la radio e ascolta le notizie:
"Festa mortale a Roccanera, un piccolo paese a trenta chilometri da Roma. Decine di ragazzi moriscono misteriosamente in un antica villa del seicento. La polizia ha trovato loro corpi questa mattina nel salone della casa. Le cause della morte sono ancora misteriose. Nel paese, tutti parlano di fantasmi".

Che cosa significa?
(Scegli l'espressione giusta)

immobile
a) veloce; b) fermo; c) senza luce

omicidio
a) assassinio; b) cosa senza importanza; c) spirito

entusiasta
a) simpatico; b) invisibile; c) molto contento

matto
a) pazzo; b) triste; c) felice

pericoloso
a) stupido; b) rischioso; c) misterioso

illuminato
a) calmo; b) deserto; c) pieno di luce

sciocchezza
a) notizia; b) cosa senza importanza; c) leggenda

arrabbiato
a) nervoso; b) felice; b) pieno di paura

scherzo
a) tuono; b) strumento musicale; c) gioco

PER LA DISCUSSIONE IN CLASSE

1) Descrivi i personaggi di questa storia.
2) Descrivi il paese di Roccanera.
3) Descrivi la casa di Giovanni.
4) Che cosa pensi di fenomeni come spiriti e fantasmi? Sono solo fantasie?
5) Racconta una festa con i tuoi amici.

SOLUZIONI DEGLI ESERCIZI

Capitolo I

1: b; c

2: f - c - b - g - d - a - e

3:- Io e Rita vogliamo organizzare **una** festa sabato sera.

- È una buona idea. Volete invitare molt**e** person**e**?
- Circa cento...
- Cosa? Siete matte?
- Vogliamo fare una grand**e** fest**a**. Noi tre abbiamo molt**i** amic**i**.
- È vero, ma non abbiamo una cas**a** grand**e**.
- Non vogliamo fare la festa a casa nostra.
- E dove, allora?
- **Da** Giovanni. **Ha** affittato una casa in campagna, a Roccanera.
- Tu e Rita **avete** parlato con lui?
- Non ancora. Ma non è **un** problema. Giovanni ama **le** feste.

Capitolo II

1: c; a

2: la tua; Hai affittato; non; Come; Il; nessuno; delle, Gli; a

Capitoli III e IV

1: b; c

2: suonano; cantante; musica; canzoni; suona; percussioni; presento; ruote; confusione; posto; suonate; strumenti; canta; canzone

Capitolo V

1: a; b
2: è andato; ho preso; avete parlato; ha detto; esistono; ho letto; può; muore; rimane

Capitoli VI e VII

1: b; c; a;   2: a/6; b/1; c/5; d/2; e/3; f/4

Capitolo VIII

1: b
2: è già iniziata; di gente; è successo; Abbiamo sbagliato; fame; Ci sono; Sui; alla; Sopra; i loro; beve

Capitoli IX e X

1: a; c

Capitolo XI

1: b; a
2: Fosca de' Monti, nata il 13 agosto 1651 e morta il 17 maggio 1672, uccisa in questa villa insieme al suo amante Antonio Cellini.
3: Secondo la leggenda, il marito di Fosca uccide i due amanti in una notte di tempesta e beve il loro sangue.
4: Da quella notte, lo spirito dei due amanti continua ad abitare in questa casa.

Capitoli XII e XIII

1: c; a

Capitoli XIV e XV

1: b; c

Capitolo XVI

1: c
2: Il giorno dopo, a Roma. Un signore **accende** la radio e ascolta le notizie:
"Festa mortale a Roccanera, un piccolo paese a trenta chilometri da Roma. Decine di ragazzi **muoiono** misteriosamente in **un**'antica villa del seicento. La polizia ha trovato **i loro** corpi questa mattina nel salone della casa. Le cause della morte sono ancora misteriose. Nel paese, tutti parlano di fantasmi".

Che cosa significa?

immobile = b; omicidio = a; entusiasta = c; matto = a; pericoloso = b; illuminato = c; sciocchezza = b; arrabbiato = a; scherzo = c

Indice

Collana "Italiano facile"

2° livello / 1000 parole

L'angelo Pippo è un angelo specializzato: aiuta gli uomini e le donne sulla Terra a trovare l'amore. Ma un giorno anche lui s'innamora...

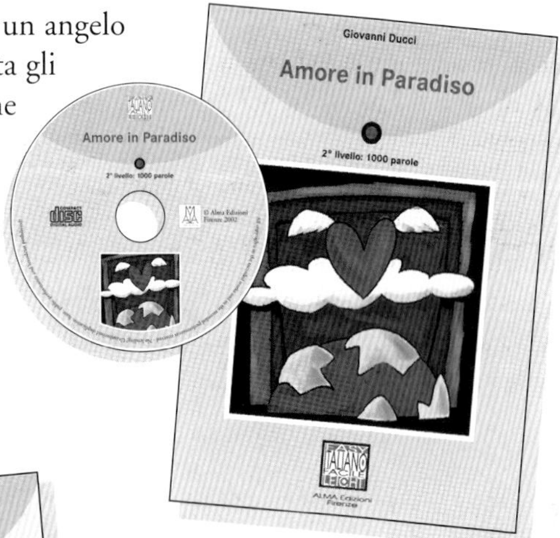

Anna, Rita e Valentina sono tre amiche. Un giorno decidono di organizzare una festa nella casa fuori città di Giovanni. Ma la gente dice che in quella casa ci sono i fantasmi...

Collana "Italiano facile"

2° livello / 1000 parole

Una raccolta di mini-storie poliziesche con protagonista la commissaria Sara Corelli e il suo assistente Pippo Caraffa. Ogni storia propone un quiz finale per lo studente che ha il compito di trovare la soluzione del caso. Il testo comprende anche molti esercizi sul lessico e sulla grammatica.

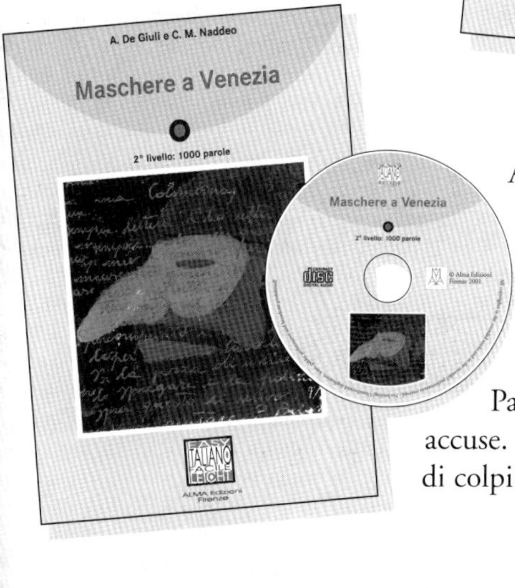

A Venezia, durante la festa di Carnevale, il vecchio Pantalone muore. Chi l'ha ucciso? Tutti pensano ad Arlecchino; solo Colombina, la figlia di Pantalone, non crede alle accuse. Un giallo veneziano, ricco di colpi di scena.

Collana "Italiano facile"

3° livello - 1500 parole

Una nuova raccolta di mini-storie poliziesche con protagonista la commissaria Sara Corelli e il suo assistente Pippo Caraffa. Come nell'altro volume, ogni storia propone un quiz finale per lo studente che ha il compito di trovare la soluzione del caso. Il testo comprende anche molti esercizi sul lessico e sulla grammatica.

Milano, città della moda e degli affari. Una mattina, una donna bionda entra nell'ufficio del detective Antonio Esposito: "Cerco mia figlia. È americana e fa la modella." Una storia poliziesca ricca di sorprese, belle donne, strani politici e… buona cucina.

ALMA EDIZIONI
viale dei Cadorna, 44 - 50129 Firenze - Italia
tel +39 055476644 - fax +39 055473531
alma@almaedizioni.it - www.almaedizioni.it